# BEI GRIN MACHT SICH IHR WISSEN BEZAHLT

- Wir veröffentlichen Ihre Hausarbeit,
  Bachelor- und Masterarbeit

- Ihr eigenes eBook und Buch -
  weltweit in allen wichtigen Shops

- Verdienen Sie an jedem Verkauf

Jetzt bei www.GRIN.com hochladen
und kostenlos publizieren

# Stakeholdermanagement und Anforderungserhebung

GRIN ☺

**Bibliografische Information der Deutschen Nationalbibliothek:**

Die Deutsche Nationalbibliothek verzeichnet diese Publikation in der Deutschen Nationalbibliografie; detaillierte bibliografische Daten sind im Internet über http://dnb.d-nb.de abrufbar.

ISBN: 9783389029541
Dieses Buch ist auch als E-Book erhältlich.

Druck und Bindung: Books on Demand GmbH, Norderstedt Germany
Gedruckt auf säurefreiem Papier aus verantwortungsvollen Quellen

Das vorliegende Werk wurde sorgfältig erarbeitet. Dennoch übernehmen Autoren und Verlag für die Richtigkeit von Angaben, Hinweisen, Links und Ratschlägen sowie eventuelle Druckfehler keine Haftung.

Das Buch bei GRIN: https://www.grin.com/document/1471823

# FALLSTUDIE STAKEHOLDER-MANAGEMENT UND ANFORDERUNGSERHEBUNG

# Inhaltsverzeichnis

Abbildungsverzeichnis

# 1. Einleitung

Anforderungsmanagement auch als Requirements Engineering bezeichnet, stellt die Basis für Projekt und Produktentwicklungen dar.[1] In der heutigen Zeit werden Produkte und damit auch die korrespondierenden Projekte immer komplexer und aufwendiger. Damit steigt auch die Gefahr, dass bei einem unzureichenden Anforderungsmanagement die Projektkosten unvorhergesehen steigen oder das Projekt mehr Zeit benötigt als ursprünglich geplant. Wenn Projekte scheitern, kann dies häufig auf ein nicht ausreichendes Anforderungsmanagement zurückgeführt werden. Man kann also sagen, dass ein gutes Anforderungsmanagement den Projekterfolg erhöhen kann.[2] So führt es zum Beispiel zu einer höheren Kundenzufriedenheit und zu weniger Änderungen im Projektverlauf und dadurch auch zu einem Projektabschluss, der in den geplanten Kosten und der geplanten Dauer durchgeführt werden konnte.[3] Aufgrund der steigenden Relevanz des Anforderungsmanagement wird sich dieses Assignment mit der Anforderungserhebung und dem Stakeholder Management beschäftigen.

## 1.1. Aufbau der Arbeit

Im Rahmen dieser Arbeit wird im Grundlagenteil zuerst auf das Anforderungsmanagement eingegangen. Im Folgenden wird dann der Begriff der Projektziele näher beleuchtet sowie das Stakeholder-Management definiert und eine Unterscheidung zwischen internen und externen Stakeholdern gezogen. Danach wird im Kapitel der Anforderungserhebung die Anforderungsschablone nach Rupp sowie das Kano-Modell definiert. Im Hauptteil dieser Arbeit werden nun die zuvor geschaffenen Grundlagen auf die Fallstudie angewendet. Hierbei werden zuerst die Stakeholder sowie deren Ziele identifiziert, dann werden anhand der Ruppschen Sprachschablone 5 Requirements entwickelt, die dann mithilfe des Kano Modells kategorisiert werden. Schließen wird diese Ausarbeitung dann mit der Zusammenfassung sowie einem Ausblick.

---

[1] vgl. t2informatik GmbH, 2024.
[2] vgl. Was ist Anforderungsmanagement? | IBM, o. D.
[3] vgl. Anforderungsmanagement: Schlüsselstelle für den Erfolg von IT-Projekten, 2020.

## 2. Grundlagen und Definitionen

### 2.1. Anforderungsmanagement

Der Prozess, Anforderungen zu erheben wird als Anforderungsmanagement bezeichnet, dies umfasst das Ermitteln der Anforderungen, die Dokumentation, die Prüfung und Abstimmung sowie das Verwalten der Anforderungen.[4] Unter einer Anforderung versteht man eine Beschreibung eines Systems, bevor dieses überhaupt entwickelt wurde.[5] Eine Anforderung kann dabei wie folgt definiert werden:

(1) Eine Bedingung oder Fähigkeit, die von einem Benutzer (Person oder System) zur Lösung eines Problems oder zur Erreichung eines Ziels benötigt wird.

(2) Eine Bedingung oder Fähigkeit, die ein System oder Teilsystem erfüllen oder besitzen muss, muss um einen Vertrag, eine Norm, eine Spezifikation oder andere, formell vorgegebene Dokumente zu erfüllen.

(3) Eine dokumentierte Repräsentation einer Bedingung oder Eigenschaft gemäß (1) oder (2).[6]

Für die Ermittlung der Anforderungen stehen verschiedene Quellen zur Verfügung, wie Dokumente, Systeme im Betrieb und Stakeholder. Unter der Quelle der Dokumente können Dokumentationen von Altsystem fallen oder Gesetze und Normen, die eigene Anforderungen an das finale Produkt stellen. Bei der Ermittlung können aber auch Systeme helfen, die sich aktuell bereits im Betrieb befinden oder schon einmal im Unternehmen genutzt wurden.[7] Die letzte Quelle, die Stakeholder, wird im Abschnitt 2.3 genauer definiert. Im folgenden Abschnitt wird nun auf die Projektziele eingegangen und welche Relevanz diese für das Anforderungsmanagement haben.

### 2.2. Projektziele

Um eine gute Ausgangslage für ein Projekt zu schaffen, sollten zuallererst die Projektziele aufgestellt und definiert werden. Ohne die Zieldefinition ist die Anforderungsanalyse schwer möglich, da keine klare Definition besteht, was mit den Anforderungen erreicht

---

[4] vgl. Rupp, 2014. S. 14
[5] vgl. Herrmann, 2022. S. 2
[6] Herrmann, 2022. S. 3
[7] vgl. Rupp, 2014. S. 77

werden soll. Dabei sollte jede Anforderung immer einem Ziel zugeordnet werden, das durch die Anforderung erreicht werden soll.[8]

Um gute Ziele formulieren zu können, hat sich die SMART Formel bewährt:

- Spezifisch: Das Ziel sollte so spezifisch wie möglich formuliert sein.
- Messbar: Das Ziel muss qualitativ und quantitativ messbar sein.
- Akzeptier: Das Ziel sollte von allen Stakeholdern akzeptiert werden.
- Realistisch: Die Ziele sollten mit den gegebenen Mitteln erreichbar sein.
- Terminiert: Das Ziel sollte einen klar definierten Zeitrahmen besitzen.[9]

Hiermit kann also sichergestellt werden, dass die Ziele auch erreicht werden können.

### 2.3. Stakeholder-Management

Unter einem Stakeholder versteht man eine Person oder Organisation, die eine Beziehung zu dem geplanten Projekt aufweist.[10] Als Beispiele für Stakeholder können Nutzer oder Betreiber eines Systems genannt werden, aber auch Entwickler, Auftraggeber und Tester. Stakeholder sind also alle Personen oder Institutionen, die direkt oder indirekt von einem Projekt betroffen sind.[11] Um die notwendigen Stakeholder für ein Projekt zu identifizieren, wird eine Stakeholder Analyse durchgeführt. Die Stakeholder Analyse folgt hierbei im Wesentlichen 3 Schritten:

1. Stakeholder identifizieren

Im ersten Schritt werden die Stakeholder identifiziert, hierbei kann man sich die Frage stellen, wer Einfluss auf das Projekt nehmen kann, wer von dem Projekt betroffen ist oder auch die Projektergebnisse benötigt.

2. Stakeholder analysieren und bewerten

Bei der Analyse und Bewertung der Stakeholder müssen für jeden zuvor identifizierten Stakeholder sein Interesse, sein Einfluss und seine Macht auf das Projekt eingeschätzt werden. Hierbei sollten auch die Beziehungen zwischen den Stakeholdern betrachtet werden sowie ihre Interessen und Ziele.

3. Stakeholder steuern

---

[8] vgl. Rupp, 2014. S. 76
[9] vgl. Beneken et al., 2022 S. 135
[10] vgl. Kuster et al., 2022. S. 86
[11] vgl. Rupp, 2014. S. 79

Anhand der Ergebnisse aus Schritt 1 und 2 können nun Maßnahmen zum weiteren Umgang mit den Stakeholdern formuliert. Also ob Stakeholder in das Projekt eingebunden werden sollen und auf welchem Wege mit den Stakeholdern kommuniziert und in den Dialog getreten werden soll. Auch sollten mögliche Ziel oder Interessenkonflikte mit den Stakeholdern bereinigt werden. Um die Arbeit mit Stakeholdern zu erleichtern, ist eine Kategorisierung hilfreich. Am häufigsten wird hier die Unterteilung in Interne und Externe Stakeholder vorgenommen. Interne Stakeholder wie Berater oder Auftraggeber befinden sich dabei näher am Projekt als Externe Stakeholder (Bsp. Umweltamt).[12] Wichtig zu erwähnen ist hier auch, dass die Stakeholder Analyse keine einmalige Maßnahme zu Beginn eines Projektes ist, sondern über den gesamten Projektablauf immer wieder überprüft und aktualisiert werden sollte.[13]

### 2.4. Anforderungserhebung

Wie bereits im Kapitel 2.1 beschrieben, können Anforderungen von verschiedenen Quellen erhoben werden. Darunter fallen Dokumente, Altsysteme oder Systeme im Betrieb und Stakeholder. Zur Erhebung der Anforderungen bei Stakeholdern können Kreativitätstechniken wie das Brainstorming genutzt werden oder auch Beobachtungstechniken wie die Feldbeobachtung. Bei der Feldbeobachtung werden die Stakeholder bei ihrer Arbeit beobachtet und durch diese Beobachtung die Anforderungen ermittelt. Dies ist besonders zu empfehlen, wenn die Stakeholder ihre Wünsche nicht klar formulieren können. Eine weitere Möglichkeit stellen die Befragungstechniken dar, wie der Fragebogen und das Interview. Hier werden mittels gezielter Fragen die Anforderungen der Stakeholder ermittelt.[14] Des Weiteren können auch Artefaktbasierte Techniken genutzt werden, hierbei werden Anforderungen aus Altsystemen ermittelt oder auch aus aktuell genutzten Systemen, die ähnlich aufgebaut sind. Hier sollte aber darauf geachtet werden, dass die Notwendigkeit der alten Anforderungen immer noch gegeben ist, zum Beispiel durch Befragungen der Stakeholder.[15]

---

[12] vgl. Krips, 2017. S 2-3
[13] vgl. Kuster et al., 2022. S. 86 - 89
[14] vgl. Rupp, 2014. S. 98 - 106
[15] vgl. Rupp, 2014. S. 110 - 111

## 2.4.1 Anforderungsschablone nach Rupp

Um qualitativ hochwertige Anforderungen erfassen zu können, kann die Anforderungsschablone nach Rupp genutzt werden. Der Vorteil in der Nutzung einer Schablone liegt darin, dass jede Anforderung einer ähnlichen Struktur folgt. Die Anforderung wird in Form eines Satzes formuliert, dieser Satz folgt dabei dem Bauplan der Anforderungsschablone. Man spricht hier von syntaktischen Anforderungsschablonen, das heißt die Syntax, also die Struktur, ist festgelegt. Der Inhalt (Semantik) wird nicht festgelegt. Es existieren verschiedene Arten von Anforderungsschablonen für funktionale und nicht funktionale Anforderungen sowie Schablonen für Bedingungssätze. Um den Rahmen dieser Arbeit nicht zu sprengen, wird im Folgenden nur die Schablone für funktionale Anforderungen mit und ohne Bedingung erläutert.[16]

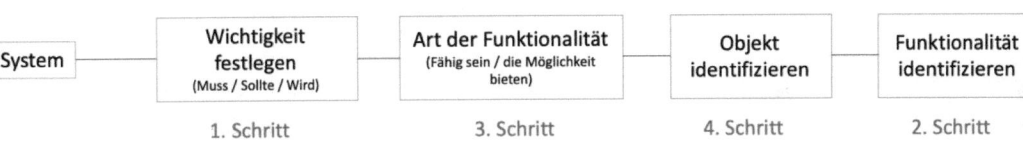

*Abbildung 1: Sprachschablone für funktionale Anforderungen[17]*

Die Struktur der Schablone ist in Abbildung 1 dargestellt. Das System zu Beginn der Abfolge definiert den Namen des System wie zum „Die Projektmanagement Software". Mit Schritt 1 wird nun die Wichtigkeit festgelegt, hier stehen mit „Muss", „Sollte" und „Wird" drei Alternative zur Auswahl. Um bei unserem Beispiel zu bleiben, könnte der Satz nun lauten: „Die Projektmanagement Software muss...". Im nächsten Schritt wird nun die benötigte Funktionalität festgelegt, diese sollte ausschließlich mit Vollverben beschrieben werden, wie zum Beispiel drucken, berechnen oder speichern. Für unser Beispiel nutzen wir nun das Wort speichern also „Die Projektmanagement Software muss speichern...". Im dritten Schritt wird dann die Art der Funktionalität festgelegt, hierfür stehen drei Arten von Systemaktivitäten zur Verfügung:

1. Selbsttätige Systemaktivität: Der gesamte Prozess wird vom System eigenständig durchlaufen und gestartet.

---

[16] vgl. Rupp, 2014. S. 217 - 219
[17] In Anlehnung an Rupp, 2014. S. 220

5

2. Benutzerinteraktion: Der Benutzer erhält vom System eine Interaktionsmöglichkeit.

3. Schnittstellenanforderungen: Das System interagiert mit einem Dritten und wartet auf ein externes Ereignis, um mit dem Prozess zu starten.

Wenn wir nun die Benutzerinteraktion dem Beispiel hinzufügen, erhalten wir den folgenden Satz: „Die Projektmanagement Software muss dem Projekt Manager die Möglichkeit bieten zu speichern". Im vierten und letzten Schritt wird nun das Objekt identifiziert, für das die Funktionalität verlangt wird.[18] Für unser Beispiel gehen wir davon aus, dass der Projekt Manager sein Projekt speichern möchte. Wir erhalten also die fertige Anforderung: „Die Projektmanagement Software muss dem Projekt Manager die Möglichkeit bieten, sein Projekt zu speichern".Nach Rupp kann nun die bereits gute Qualität der Anforderung noch durch einen zusätzlichen Schritt gesteigert werden. Hierfür werden in die Anforderung Bedingungen eingeführt, unter denen der Prozess durchgeführt werden soll. Bei funktionalen Anforderungen mit Bedingung ändert sich die Reihenfolge der Schablone, diese geänderte Reihenfolge ist in Abbildung 2 dargestellt.[19]

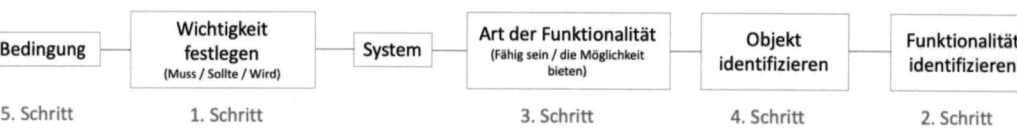

Abbildung 2: Sprachschablone für funktionale Anforderung mit Bedingung[20]

Anforderungen an System haben meist einen zeitlichen und logischen Bezug, unter dem die Funktionalität durchgeführt werden soll. Die Bedingung wird der Anforderung nun vorangestellt, hierfür stehen die Wörter „Falls" (logische Bedingung), „Sobald" (zeitliche Bedingung) und „Solange" (zeitliche Bedingung) zur Verfügung.[21]

### 2.4.2 Kano-Modell

Um die Anforderungen der Stakeholder kategorisieren zu können, kann das Kano-Modell genutzt werden. Hierbei wird ermittelt welchen Einfluss die Anforderungen auf die Zufriedenheit der Stakeholder haben, unterteilt wird dies in drei Kategorien:

---

[18] vgl. Rupp, 2014. S. 219 - 223
[19] vgl. Rupp, 2014. S. 223
[20] In Anlehnung an Rupp, 2014. S. 224
[21] vgl. Rupp, 2014. S. 241

1. Begeisterungsfaktoren

2. Leistungsfaktoren

3. Basisfaktoren[22]

Unter Begeisterungsfaktoren versteht man Merkmale, die dem Stakeholder nicht bekannt sind und erst im weiteren Verlauf der Nutzung als positiv und hilfreich wahrgenommen werden. Da zur Ermittlung der Begeisterungsfaktoren nicht einfach eine Befragung der Stakeholder durchgeführt werden kann, da diese die Merkmale im Vorfeld nicht nennen können, werden hier Entwurfs- und Ideenfindungstechniken genutzt. Darunter findet man die Leistungsfaktoren, diese wurden im Gegensatz zu den Begeisterungsfaktoren von den Stakeholdern gewünscht und wurden meist durch Befragungstechniken im Vorfeld ermittelt. Je mehr Leistungsfaktoren am Ende umgesetzt wurden, desto höher wird die Zufriedenheit des Stakeholders mit dem Produkt sein. Auf der anderen Seite führt ein Fehlen einiger oder vieler Leistungsfaktoren zu einer höheren Unzufriedenheit bei den Stakeholdern und kann auch dazu führen, dass ein Produkt nicht akzeptiert wird. Als dritte Stufe sind dann noch die Basisfaktoren zu nennen. Hierunter fallen alle Merkmale, die von Stakeholdern als selbstverständlich vorausgesetzt werden. Im Gegensatz zu den vorherigen Faktoren führt eine Erfüllung der Basisfaktoren nicht zu einer höheren Zufriedenheit. Stakeholdern stehen den Basisfaktoren eher neutral gegenüber, allerdings ist eine Umsetzung der Basisfaktoren auf jeden Fall notwendig, da sonst eine hohe Unzufriedenheit entsteht. Hier können Beobachtungstechniken zur Ermittlung der Merkmale genutzt werden. Je länger Stakeholder mit einem System Kontakt haben, desto mehr verschieben sich die einzelnen Merkmale. So werden aus Begeisterungsfaktoren Leistungsfaktoren und irgendwann dann auch Basisfaktoren, da sich ein Stakeholder bei längerer Nutzung immer mehr an die Merkmale des Systems gewöhnt.[23]

3. Fallstudie: Einführung einer Projektmanagement Software

Mithilfe einer Fallstudie sollen nun die bereits erarbeiteten Grundlagen auf ein einfaches IT-Projekt angewendet werden. Die Fallstudie betrachtet ein mittelständisches Unternehmen, dass eine neue Projektmanagement Software einführen möchte. Aktuell wird im Unternehmen noch Excel als einziges Planungstool genutzt. Durch die steigende

---

[22] vgl. Pohl/Rupp, 2021. S. 125
[23] vgl. Pohl/Rupp, 2021. S. 126

Anzahl an Projekten, insbesondere an Kundenprojekten, kommt die aktuelle Lösung allerdings immer schneller an ihre Grenzen. Ein gesamtheitlicher Blick über alle Projektkosten und Ressourcen ist nur mit einem hohen manuellen Aufwand möglich, der die Daten auch erst zeitverzögert zu Verfügung stellen kann. Ziel des Unternehmens ist es, mit der Einführung der Projektmanagement Software einheitliche Prozesse in der Projektplanung zu schaffen und auch das Projekt Reporting zu verbessern.

### 3.1. Identifikation der Stakeholder

Im ersten Schritt sollen nun die am Projekt beteiligten Stakeholder identifiziert werden, hierfür wird eine Stakeholder-Analyse durchgeführt. In einer ersten Analyse wurden sechs Stakeholder identifiziert, hiervon ist ein Stakeholder als extern zu kategorisieren. Die restlichen 5 Stakeholder sind interne Stakeholder. Alle Stakeholder sind in der folgenden Abbildung dargestellt, jeweils mit ihren Eigenschaften sowie den Zielen und Interessen am Projekt.

| Kategorie (Intern /Extern) | Stakeholder | Eigenschaften | Ziele und Interessen |
|---|---|---|---|
| Intern | Projekt Manager | Plant und Betreut Projekte im Unternehmen. | Möchte eine Nutzerfreundliche Software mit der Projekte (inkl. Zeitplan, Ressourcen und Budget) einfach und effizient geplant werden können. |
| Intern | Geschäftsführung | Steuert Unternehmen und ist für Unternehmenserfolg verantwortlich. | Möchte einen tagesaktuellen Überblick über alle Projekte erhalten, inklusive der Gesamtkosten. |
| Extern | Softwarehersteller | Stellt die Software und begleitet die Einführung (fachlich und technisch). | Möchte die eigene Software verkaufen und die Anforderungen des Kunden umsetzen. |
| Intern | IT Abteilung | Stellt die Systemlandschaft und den technischen Support. | Möchte eine Software die sich in die bestehende Systemlandschaft integrieren lässt und einfach in der Wartung ist. |
| Intern | Controlling Abteilung | Verantwortlich für Projekt Controlling. | Möchte einen Überblick über alle Projektkosten erhalten sowie ein effizientes Projektcontrolling durchführen. |
| Intern | Projektmanagement Office | Definiert Projektmanagement Standards u. betreut Projektmanagement Tools. | Möchte ein einheitliches Tool für alle Projekt um Projekt- und Portfolio Auswertungen für die Geschäftsführung erstellen zu können. Sowie die Einhaltung der Projektmanagement Standards im Unternehmen zu überprüfen. |
| Intern | Projektmitarbeiter | Mitarbeit an Projekt. | Möchte einen Überblick über die eigenen Tasks erhalten, diese bearbeiten und abschließen können. |

*Abbildung 3: Identifizierte Stakeholder*

### 3.2. Identifikation der Stakeholder Ziele

Zur Identifikation der Stakeholder Ziele wird die in Kapitel 2.2 beschriebene SMART Formel genutzt. Für die Stakeholder Geschäftsführung, das Projektmanagement Office und die Controlling Abteilung wird mithilfe dieser Formel jeweils ein Ziel formuliert:

**Geschäftsführung**: Bis Ende 2024 soll die neue Projektmanagement Software im Unternehmen eingeführt sein, damit ab 2025 alle Projekte in dieser Software geplant werden können. In den letzten zwei Monaten der Einführung (November und Dezember) müssen alle Mitarbeiter eine Schulung absolvieren, die sie zur Nutzung der Software befähigt. Die Einführung darf die Summe von 2 Millionen nicht überschreiten.

**Projektmanagement Office**: Nach der Einführung müssen innerhalb des ersten Monats alle bestehenden Projekte in die neue Software migriert werden. Danach wird nur noch diese Software für die Projektplanung genutzt, dies betrifft alle Projekt Manager des Unternehmens. Die Software muss ein Dashboard mit einer tagesgenauen Auswertung aller Projekte hinsichtlich der Projektressourcen und Kosten bieten.

**Controlling Abteilung**: Die Projektmanagement Software muss bis zum 31.01.2025 alle bestehenden Projekte enthalten, damit die nächste Budgetplanungsrunde wie jedes Jahr pünktlich im Februar starten kann. Bis zu diesem Zeitpunkt müssen mindestens 90 % aller Projekt Manager in der Budgetplanung trainiert worden sein.

### 3.3. Kategorisierung der Requirements

Nachdem die Stakeholder und deren Ziele identifiziert wurden, können nun fünf Requirements mit der Ruppschen Sprachschablone formuliert werden. Als nächstes werden für jede Anforderung die Anforderungsquelle und die Erhebungsmethode festgelegt. Im letzten Schritt werden diese dann den Kano Kriterien zugeordnet.

1. Die Software muss jedem Nutzer die Möglichkeit bieten, sich mit Single-Sign-On einloggen zu können.

- Diese Anforderung lässt sich am einfachsten durch den Blick auf bereits bestehenden Systemen im Unternehmen ermitteln. Wird für jedes System im Unternehmen Single-Sign-On genutzt, würde es für den Nutzer eine unnötige Hürde darstellen, wenn bei dem neuen System ein Passwort benötigt wird.
- Diese Anforderung können wir nach Kano den Basisfaktoren zuordnen, da die Umsetzung des Single-Sign-On zwingend notwendig ist, bei den Nutzer aber nur zur einer erhöhten Unzufriedenheit führt, wenn diese Funktion nicht vorhanden ist. Die Zufriedenheit kann hiermit nicht gesteigert werden.

2. Die Software muss die Möglichkeiten bieten, Meilensteine in einem Projekt nach Meilensteintyp klassifizieren zu können.

- Als Quelle dieser Anforderung können Dokumente genutzt werden, wie zum Beispiel ein Handbuch zu den Projektmanagement Standards oder auch Stakeholder. Die Stakeholder könnten mittels eines Fragebogens oder eines Interviews befragt werden, welche Funktionen ihnen besonders wichtig sind.
- Diese Anforderung könnte den Leistungsfaktoren zugeordnet werden, insbesondere wenn diese Möglichkeit bisher in Projekten gegeben war und daher auch von Stakeholdern explizit gefordert wurde.

3. Das System sollte automatisch die Statusampeln (grün, rot, gelb) für Budget und Ressourcen setzen.

- Hier bieten sich als Quelle vor allem Stakeholder an, da dies im bisherigen System nicht vorhanden ist und auch die Projektmanagement Standards keine Definition liefern. Da diese eine unbekannte Funktionalität darstellt, bietet es sich an, hier das Brainstorming als Erhebungsmethode zu verwenden.
- Diese Anforderung könnte den Begeisterungsfaktoren zugeordnet werden, da die Statusampeln bisher ausschließlich manuell gesetzt wurden und diese Funktion den Stakeholdern aus ihrer bisherigen Arbeit nicht bekannt ist.

4. Sobald eine projektbezogene Rechnung gebucht wurde, müssen diese Kosten auf dem Projekt angezeigt werden.

- Hier kommt als Quelle das Altsystem oder aktuell genutzte Systeme in Frage, da diese Anforderung als zwingend notwendig für jedes Rechnungswesen System im Unternehmen gilt.
- Diese Anforderung kann den Basisfaktoren zugeordnet werden, die Umsetzung ist zwingend notwendig, da ohne diese Funktion das Projektcontrolling nicht möglich ist.

5. Das System sollte automatische Emails an den Mitarbeiter verschicken, wenn der Mitarbeiter einem Projekt zugeordnet wurde.

- Diese Anforderung sollte von den Stakeholdern erhoben werden, dies kann durch Interviews oder einen Fragebogen erfolgen. Bei beiden Techniken hat der Stakeholder die Möglichkeit, seine Wünsche an das System zu äußern.

- Diese Anforderung kann den Leistungsfaktoren zugeschrieben werden, da dies eine expliziter Wunsch eines Stakeholders sein kann, durch dessen Erfüllung die Zufriedenheit des Stakeholders steigt.

## 4. Zusammenfassung und Ausblick

Das vorliegende Assignment bietet einen Einblick in die Grundlagen des Anforderungsmanagement und dessen Bedeutung für die erfolgreiche Durchführung von Projekten. Zu Beginn wurden zuerst die theoretischen Grundlagen für Anforderungsmanagement und Stakeholder Management geschaffen sowie die Anforderungsschablone nach Rupp und das Kano Modell vorgestellt. Im dritten Kapitel wurde als Fallstudie die Einführung einer Projektmanagement Software vorgestellt. Im Rahmen dieser Fallstudie wurden die am Projekt beteiligten Stakeholder und deren Ziele identifiziert. Hieraus wurden anhand der Anforderungsschablone fünf Requirements entwickelt und einem der Kano Kriterien zugeordnet sowie eine mögliche Quelle der Anforderung genannt. Wie bereits zu Beginn erwähnt, nimmt die Größe und Komplexität von Projekten in der heutigen Zeit immer weiter zu. Es ist auch anzunehmen, dass dies durch die fortschreitende Digitalisierung noch weiter zunehmen wird. Das Anforderungsmanagement ist daher ein wichtiger Teil, um Projekte erfolgreich durchführen zu können. Ein Bereich, der in Zukunft noch weiter betrachtet werden könnte, ist welchen Einfluss künstliche Intelligenz auf das Anforderungsmanagement haben könnte. So können durch den Einsatz von künstlicher Intelligenz Anforderungen automatisch kategorisiert und priorisiert werden, dies könnte die benötigte Arbeit deutlich reduzieren. Auch kann künstliche Intelligenz zur Generierung von Anforderungen aus Zielen und Anwendungsfällen genutzt werden. Durch die Anwendung von künstlicher Intelligenz lässt sich die Effizienz deutlich steigern und führt auch zu einer höheren Qualität der Anforderungen.[24]

Abschließend kann festgehalten werden, dass ein gutes Anforderungsmanagement zu Beginn den Erfolg eines Projektes deutlich steigern kann.

---

[24] vgl. Kröll, 2023.

Literaturverzeichnis

Anforderungsmanagement: Schlüsselstelle für den Erfolg von IT-Projekten: in: IONOS Digital Guide, 13.03.2020, [online] https://www.ionos.de/digitalguide/websites/web-entwicklung/was-ist-anforderungsmanagement/ (abgerufen am 09.03.2024).

Beneken, Gerd/Friedhelm C. Hummel/Martin Kucich: Grundkurs agiles Software-Engineering, in: Springer eBooks, (2022),

Herrmann, Andrea: Grundlagen der Anforderungsanalyse, in: Springer eBooks, (2022)

Krips, David: Stakeholdermanagement: Kurzanleitung, Springer Vieweg, (2017)

Kröll, Lisa: Die Zukunft ist visuell: Trends im Requirements Engineering | microTOOL, in: microTOOL, (2023), [online] https://www.microtool.de/requirements/trends-im-requirements-engineering/ (abgerufen am 10.03.2024).

Kuster, Jürg/Christian Bachmann/Mike Hubmann/Robert Lippmann/Patrick Schneider: Handbuch Projektmanagement, in: Springer eBooks, (2022)

Pohl, Klaus/Chris Rupp: Basiswissen Requirements Engineering: Aus- und Weiterbildung nach IREB-Standard zum Certified Professional for Requirements Engineering Foundation Level, (2021)

Rupp, Chris: Requirements-Engineering und -Management : aus der Praxis von klassisch bis agil, (2014)

t2informatik GmbH: Was ist Anforderungsmanagement? - Wissen kompakt - t2informatik, in: T2informatik GmbH, 03.01.2024, [online] https://t2informatik.de/wissen-kompakt/anforderungsmanagement/ (abgerufen am 02.03.2024).

Was ist Anforderungsmanagement? | IBM: o. D., [online] https://www.ibm.com/de-de/topics/what-is-requirements-management (abgerufen am 09.03.2024).

# BEI GRIN MACHT SICH IHR
# WISSEN BEZAHLT

- Wir veröffentlichen Ihre Hausarbeit,
  Bachelor- und Masterarbeit

- Ihr eigenes eBook und Buch -
  weltweit in allen wichtigen Shops

- Verdienen Sie an jedem Verkauf

## Jetzt bei www.GRIN.com hochladen
## und kostenlos publizieren